LA PLAGE DES COMÉDIENS

En souvenir de Simone Berriau

En couverture :

Simone-Berriau-plage depuis la rive droite du Gapeau

ISBN -13 : 978-1546471028
ISBN - 10 : 1546471022

JEAN-LUC POULIQUEN

LA PLAGE DES COMÉDIENS
En souvenir de Simone Berriau

*« Chaque lever de rideau
m'apportait la même émotion,
un extraordinaire mélange
d'inquiétude et d'exaltation »*
Simone Berriau

FRANCHIR LE FLEUVE

Longtemps, je m'en suis tenu à cette portion du rivage qui allait du petit port de l'Ayguade jusqu'à l'embouchure du Gapeau. Elle suffisait à mon émerveillement et à ma rêverie[1].

Au large, les îles d'Or découpaient leur silhouette dans l'azur, à l'ouest la presqu'île de Giens offrait ses falaises aux assauts du vent et des vagues. Passé les vieux salins, à l'est, le fort de Bregançon retenait le regard par les présences illustres qu'il avait hébergées.

Mais ce rivage avait aussi pour moi une signification tout autant familiale qu'historique.

C'est là qu'avait accosté en arrivant de Bretagne, dans les années vingt, mon grand-père alors qu'il faisait son apprentissage dans la marine à voile. Sept siècles plus tôt, le Roi Saint-Louis, de retour de la septième croisade, en avait fait de même. En 1969, le président Georges Pompidou avait également choisi l'endroit pour son retour de Corse en aéroglisseur.

Individuelles ou collectives, les raisons de s'y attacher ne manquaient pas. Les pins et les tamaris y ajoutaient en arrière-plan de la plage, de l'enchantement. Le long de la digue qui menait jusqu'à un petit chantier naval, les pêcheurs venus y tendre leurs lignes lui donnaient une tonalité populaire. Un blockhaus en marquait le terme et rappelait sa position stratégique durant la Deuxième Guerre mondiale.

Mais je n'étais pas allé plus loin que ce chantier de bateaux de plaisance installé sur la rive droite du

---

[1] Cf *Ce rivage où tu accostas* in *La terre du premier regard*, L'Harmattan, collection *Poètes des cinq continents*, Paris, 2011.

fleuve et n'avais pas véritablement regardé de l'autre côté où s'alignait un ensemble de bâtiments blancs de différentes hauteurs.

La curiosité est sélective. Le temps et l'âge la transforment. Ils font germer en vous des appels à connaître des lieux et des personnes jusque là ignorés. On ne peut vivre longtemps sur un même territoire en restant étranger à son histoire, indifférent à ceux qui l'ont façonné, en ont donné une image des plus glorieuse.

Il était temps de franchir le fleuve.

MIAMI EN PROVENCE

C'est grâce à Paul Vilalta, un ami peintre, que j'ai pu pénétrer dans la résidence. Il y possède depuis 1997 un appartement et a pu me faire franchir les grilles. À l'origine il était possible de s'y promener librement, mais signe des temps, l'ensemble a été clôturé.

Je laisse Paul me guider et me commenter la visite. L'ensemble est assez vaste et s'étend sur plus de quatre hectares. Il est représentatif de l'architecture du début des années soixante, c'est-à-dire qu'à première vue, il est pour moi sans style et fait la part belle aux cubes et aux parallélépipèdes que l'on a tant décriés par la suite. De fait il se compose principalement d'une tour de neuf étages et de deux barres qui en ont quatre. Il y a aussi de petits duplex avec des jardins le long du Gapeau. Le tout est complété d'espaces pour les voitures, parkings et garages, d'un port de plaisance, d'installations balnéaires aujourd'hui condamnées. Paul m'explique que la piscine a été comblée, car son entretien était trop coûteux, que la galerie marchande est fermée, tout comme le restaurant *La Grand Voile*. Certains commerces ont même été transformés en habitations. La résidence a perdu de son éclat d'origine, mais il y a toujours la plage, le soleil, la végétation méditerranéenne qui entoure les bâtiments, la vue sur les îles et sa facture singulière qui mérite tout de même le regard.

L'ensemble a reçu le label *Patrimoine du XXe siècle* du ministère de la Culture. On le rattache à l'architecture paquebot qui a fait son apparition sur la côte dès 1932 avec par exemple l'hôtel *Latitude 43* conçu par Georges-Henri Pingusson à Saint-Tropez. Paul me demande d'observer les coursives extérieures qui desservent les appartements, ainsi que les escaliers que l'on dit « hors œuvre » puisqu'ils s'adossent aux deux immeubles-barres de quatre étages, et leurs ouvertures en forme de hublots.

Il m'explique que l'architecte de ce complexe de vacances, qui compte 172 appartements, s'appelle Pierre Pascalet (1915-2000). Originaire de Toulon, il a essentiellement travaillé dans le Var à la réalisation de villas et d'immeubles. Il a laissé sa marque à Boulouris, Sainte-Maxime, Grimaud. À Toulon, on lui doit les immeubles *Le Concorde* et *La Tour d'Ivoire* ainsi que l'aménagement du téléphérique du Mont-Faron au sommet duquel il s'est occupé du musée du débarquement dans la tour Beaumont.

Mais Pierre Pascalet est aussi un artiste. Il a d'ailleurs suivi les cours de l'École des Beaux-Arts de Toulon et son père était lui-même artiste-peintre. Paul me montre les différentes mosaïques en céramique, de composition abstraite, qu'il a opportunément installées sur des murs bien en vue de la résidence.

Je lui demande à quoi correspondent les noms donnés aux bâtiments : *L'Heure éblouissante* pour la tour ainsi que *Vu du pont* et *La Chatte sur un toit brûlant* pour les deux immeubles.

Sa réaction est immédiate : « Vous ne savez pas ? Ce sont les titres de pièces qui ont été jouées au théâtre Antoine à Paris dont Simone Berriau était la directrice et qui ont été des succès ».

16

Je comprends maintenant pourquoi la résidence porte le nom de Simone Berriau. Paul m'apprend qu'elle en a pris l'initiative à la fin des années cinquante. Un monde nouveau inspiré du mode de vie américain, dans lequel les loisirs occupaient une plus grande place, était en train de naître. Elle a voulu, portée par cette vague, créer un centre de vacances pour les comédiens. Et nombreux sont ceux qui l'ont suivie. Lui-même se souvient avoir nagé il y a quelques années au large jusqu'à un ponton flottant et s'y être retrouvé en compagnie de Michel Serrault.

Mais il n'a pas connu les années de gloire de *Simone-Berriau-plage* qu'il situe du milieu des années soixante à la fin des années soixante-dix. Il m'invite à mener ma propre enquête.

UNE COLONIE D'ARTISTES

Il suffit de se mettre en quête d'une information pour la trouver. Les archives de la ville de Hyères ont publié en 2013 une petite brochure en hommage à Simone Berriau. Celle-ci a été composée à partir du fonds photographique que leur a légué André Durieux qui travailla de l'après-guerre jusqu'au début des années quatre-vingt pour le journal *Nice-Matin* et couvrit sur la période l'essentiel de la vie locale.

La série de ses photographies qui a été choisie nous montre la pose de la première pierre de la résidence en 1961 par Simone Berriau entourée du promoteur Marius Cayol et de l'architecte Pierre Pascalet, un ouvrier avec une brouette qui démarre le chantier sur un terrain encore nu, la construction de la piscine, sa mise en eau, la galerie marchande avec une boutique de décoration et de mobilier de vacances, Simone Berriau chez le coiffeur ou s'essayant à jouer avec un diabolo avec à ses côtés le chanteur d'opérette et comédien Georges Guétary, elle encore recevant Lucien Aimar, champion cycliste hyérois qui a gagné en 1966 le Tour de France.

Et puis, suivent les photos des comédiens en vacances : Jacques Balutin en maillot de bain sur un vélo, Amarande et sa fille qui partent en bateau du petit port situé devant le restaurant, Michel Serrault en famille sur la plage, Jean Le Poulain, Jacques Legras qui profitent aussi des plaisirs de la baignade, Vannick Le Poulain, le nièce de Jean, qui se détend au bord de la piscine, tout comme Daniel Darès, le gendre de Simone Berriau qui prendra sa suite à la direction du théâtre Antoine. Le dernier de la série est Louis de Funès sortant de l'eau.

Les historiens hyérois n'ont pas manqué de rendre compte de l'aventure. Jacques Olivo par exemple dans les pages qu'il a consacrées à Simone Berriau[2] a dressé une première liste des copropriétaires de la résidence : Marcel Achard, Jean Richard, Georges Guétary, Robert Dhéry, Gérard Calvi, Marcel Karsenty, Jean Meyer, André Castelot, Michel Serrault.

Jean-Claude Thollon, quant à lui, m'a renvoyé à deux livres où je trouverai le récit de l'aventure par ceux-là mêmes qui l'ont portée. Le premier s'intitule *Simone est comme ça*, Simone Berriau y raconte sa vie et consacre un chapitre à : « une plage nommée Berriau... ». Le deuxième *La chance apprivoisée* a été écrit par Maurice Guénot qui a été son dernier compagnon. Il a pris une part active dans la réalisation de la résidence et décrit toutes les étapes de ce qu'il appelle : « La folle aventure de Berriau-plage ». Les deux livres ont été publiés dans la collection « Vécu » des éditions Robert Laffont, respectivement en 1973 et 1991.

Il y a eu beaucoup d'affectif dans la décision de créer cette colonie d'artistes, mais les sentiments ne sont pas toujours compatibles avec les affaires. Pourtant Simone Berriau a mis toute son énergie au service du projet et de sa promotion, elle a fait jouer ses relations pour obtenir toutes les autorisations nécessaires à la construction, elle a vendu elle-même

---

[2] *Hyères les palmiers, plus de 2000 ans d'histoire*, édition locale, 1993.

les appartements, est allée sur les lieux accompagner les futurs acheteurs.

Maurice Guénot non plus n'a pas ménagé sa peine pour aider à surmonter tous les obstacles qui se sont mis en travers de la route. Il a su faire le nécessaire pour éliminer les moustiques en abondance dans cette zone de marais, il a imaginé une digue pour lutter contre l'érosion du rivage par les courants marins et augmenter la capacité du petit port. Les fondations de la tour ont aussi créé des problèmes, tout comme le creusement sous le niveau de la mer d'une piscine de trente-trois mètres de long, douze de large et deux de profondeur. Il rêvait d'un complexe balnéaire avec un centre de thalassothérapie. Pour rentabiliser l'affaire, la construction d'un hôtel de standing était nécessaire et celui-ci n'a pu se faire.

Simone Berriau était avant tout une femme de théâtre, c'était le cœur de sa vie. Elle ne pouvait disperser ses ressources. À la fin des années soixante, elle décida de revendre ses parts aux autres membres de la copropriété et de se retirer de l'aventure.

ÉCHOS & SOUVENIRS

En regardant vers le large et en fixant plus particulièrement mon regard sur l'île de Port-Cros, la moins étendue des îles d'Or, je pense à une autre colonie estivale, une colonie d'écrivains cette fois.

De la fin des années vingt jusqu'à 1939, entre le fort de la Vigie et celui du Moulin, entre Jean Paulhan et Jules Supervielle se sont réunis plusieurs auteurs rattachés à la *Nouvelle Revue française*.

De la simple visite au séjour sur l'île, ils ont été nombreux à venir se ressourcer au milieu des pins, des chênes verts et des arbousiers, entourés des eaux bleues de la Méditerranée. Ainsi ont pris le bateau pour rejoindre celui qui joua un rôle majeur dans la littérature française du XXe siècle ou bien le poète franco-uruguayen : Marcel Arland, Saint-John Perse, André Gide, Julien Benda, Jacques Audiberti, Henri Michaux, Marcel Jouhandeau, pour ne citer qu'eux[3].

Dans les mêmes années sur les hauteurs de la vieille ville de Hyères, Marie-Laure et Charles de Noailles réunissaient dans leur villa cubiste, peintres, musiciens, cinéastes et poètes qui allaient révolutionner l'art du XXe siècle.

Jean Cocteau, Max Jacob, René Crevel, Marc Allégret, Luis Buñuel, Salvador Dali, Alberto Giacometti, Oscar Dominguez, Igor Markevitch, Francis Poulenc, Georges Auric, furent de ceux que l'on compte parmi leurs invités[4].

---

[3] Lire à ce sujet *Port-Cros : L'île de la Nouvelle Revue française* par Claire Paulhan, in *Le Var des écrivains*, ouvrage coordonné par Martine Sagaert, Éditions Alexandrines, 2017.
[4] Voir mon livre *Dali, son mécène et le président*, CIPP, 2016.

Sans doute, comme les écrivains de Port-Cros, comme les artistes de la Villa Noailles, les comédiens de *Simone-Berriau-plage* étaient-ils venus avant tout pour profiter du soleil et de la douceur du climat, en oubliant le temps d'un été tous les aléas de leur métier. Point d'utopie communautaire dans leur séjour ni d'intention avouée de modifier les règles du théâtre, plutôt le simple plaisir d'être ensemble.

Héléna Bossis, la fille de Simone Berriau, qui fut comédienne comme sa mère et dirigea à sa mort, en 1984, le théâtre Antoine avec son mari Daniel Darès, répondait en ces termes à Nathalie Brun venue l'interviewer à l'occasion des soixante ans de gestion familiale du théâtre : « *À* Simone-Berriau-plage, *chacun vivait chez soi et on s'invitait. Il y a eu de grandes amitiés et on s'est beaucoup amusé. C'était une ambiance exceptionnelle. Il y avait de Funès, Jean Richard, Robert Dhéry et Colette Brosset, Meyer... Marcel Achard y écrivait. Jean Le Poulain y a travaillé sur* Le Noir te va si bien ... *Nous y revenons toujours, chaque été, pour retrouver notre famille et Hyères que j'aime beaucoup. C'est un endroit où je me ressource. Chaque matin, à 8 heures, je suis dans la mer[5]* ». Héléna Bossis est morte à Hyères le 15 août 2008, elle avait quatre-vingt-huit ans.

En 1963, lorsque la résidence commença à entrer en fonction, Simone Berriau avait soixante-sept ans. À la différence des initiatives de Port-Cros ou de la Villa Noailles, c'était une aventure de la maturité. Mais elle

---

[5] *Var-Matin* du 11 décembre 2003.

n'excluait pas l'enthousiasme et la participation de la jeunesse qui gardait cependant son regard critique. Maurice Guénot se souvient : « *Les moins de dix-huit ans (les filles de Jean Richard, de Robert Dhéry, le petit-fils du chef d'orchestre Albert Wolff et la nièce de Jean Le Poulain) faisaient un film en 16 mm, en filmant à l'improviste les « croulants » célèbres : Achard à l'heure du bain, Jean Meyer lisant un manuscrit, Colette Renard et Maria Mauban en visite...* »[6]

La jeunesse est toujours implacable. La comédienne Corinne Le Poulain, disparue prématurément en 2015, à l'occasion d'un passage au théâtre Galli à Sanary en 2014, avait gardé intact ses souvenirs d'adolescence pour le journaliste Jacques Brachet qui l'interrogeait : « *Vers 15/16 ans, j'ai complètement changé de décor lorsque mon oncle, Jean Le Poulain a acheté un appartement à* Simone-Berriau-plage *à Hyères. Simone Berriau était directrice du Théâtre Antoine à Paris et du coup, comédiens et milliardaires amis ont tous acheté un appartement, que les médisants appelaient les HLM et le lieu était alors infesté de millions de moustiques. C'était l'horreur. On y rencontrait de Funès, Françoise Dorléac, Serrault, Jean-Pierre Cassel, Marcel Achard, Jean Richard, Robert Dhéry, Gérard Calvi... et des milliardaires comme les Clerico (le Moulin rouge), le patron du Figaro, les patrons de grands laboratoires pharmaceutiques...* »[7]

---

[6] *La chance apprivoisée*, page 263.
[7] In *Evamag*, 16 mars 2014.

Il n'empêche, la jeunesse est restée fascinée par cette innovation et Jean-Luc Godard est venu à *Simone-Berriau-plage* tourner quelques scènes de *Pierrot le fou* qui sera projeté sur les écrans de cinéma en 1965.

Quant aux Hyérois, ceux qui ont été mêlés à l'aventure en tirent une certaine fierté. Christian Guitton qui habite mon quartier a fait ses débuts dans le salon de coiffure de la galerie marchande. Il s'honore d'avoir coupé les cheveux à Marcel Achard et Albert Préjean.

Sur le mur Facebook *Tu sais que tu es de Hyères-les-Palmiers quand...* Jean-Luc a inséré le recto et le verso d'une carte postale publicitaire qui montre le restaurant *La Grand Voile*, la piscine ainsi que le petit bassin qui la jouxte entouré de chaises longues et de parasols. On peut y lire : « Restaurant – Bar – Piscine / Pour vos repas d'affaires : Mariages – Lunchs – Séminaire / Un cadre unique et élégant au bord de mer / Cuisine soignée – Prix étudiés ».

Ce post a touché, à en juger par les nombreux commentaires qu'il a suscités. « *Souvenirs d'enfance inoubliables* » a écrit Michaelle. « *Papa aimait beaucoup cette plage* » nous dit Dorothée. Un autre Jean-Luc se rappelle encore ses bons moments de plage « *avec la superbe fille d'Amarande* ». Véronique dit « *avoir appris à nager dans la grande piscine d'eau de mer* ». Geneviève raconte qu'en 1967, c'est là « *qu'elle a connu un Parisien avec qui elle s'est mariée* ».Thierry veut partager que sa « *mère a travaillé au restaurant à partir de 67* », qu'elle l'emmenait avec elle ce qui lui a permis de côtoyer pas mal de gens célèbres. Geneviève rajoute que « *le fils de Louis de Funès qui s'appelait Olivier allait avec nous danser en boîte aux Salins* ». C'est Claudette qui a le mot de la fin : « *J'ai fait le mariage de ma sœur à cet endroit. Simone Berriau était une amie de mes grands-parents, j'ai toujours un tableau dont elle m'avait fait cadeau* ».

CE COEUR QUI BAT
SUR LE RIVAGE

Une multitude de liens s'est donc tissée avec la plage et la résidence. Ils se sont ajoutés à ceux que Simone Berriau avait la première établis avec ce rivage, avant même qu'il ne soit aménagé.

« *Ma mère aimait la mer. Nous allions nous baigner là, au milieu des cuirassés de l'après-guerre* » avait rappelé Héléna Bossis dans *Var-Matin*[8]. Pour autant, l'endroit n'était pas particulièrement hospitalier. Dans un chapitre qu'il a intitulé *Rêverie près d'un blockhaus* Maurice Guénot nous en fait une description réaliste. Pour accéder à la plage, il faut traverser un terrain recouvert par les ruines d'un blockhaus allemand qui a été détruit à l'explosif. Il faut aussi prendre des précautions pour rentrer dans l'eau, car demeurent, de ces moments de violence, différents matériaux qui peuvent toujours blesser les baigneurs.

Néanmoins, une fois atteinte, la plage est quasiment déserte et offre une intimité que l'on ne peut trouver aux alentours. Celle-ci est propice à la rêverie et Maurice Guénot, qui a monté à Paris des centres de remise en forme que fréquentent de nombreuses personnalités, peut imaginer en faire de même au bord de l'eau et convaincre Simone Berriau du bien-fondé de son projet.

Nous sommes en 1957 et celle-ci doit se remettre d'un deuil qui l'a profondément affectée, celui d'Yves Mirande. L'année d'avant, c'est la mort du Pacha de Marrakech qui l'avait fortement secouée. Parler de ces deux hommes qui ont beaucoup compté dans sa vie,

---

[8] Entretien du 11 décembre 2003.

c'est s'attacher à des périodes déterminantes de son existence.

Elle a connu Thami El Glaoui (1879-1956), surnommé le « seigneur de l'Atlas », lorsqu'elle était mariée avec le colonel Berriau et que ce dernier secondait le maréchal Lyautey qui fut le premier résident général du protectorat français du Maroc. Le colonisateur avait besoin pour pacifier le territoire de s'appuyer sur des chefs coutumiers et il trouva auprès du Glaoui et de ses guerriers le soutien et les forces qui lui étaient nécessaires.

Le Glaoui appréciait beaucoup le colonel Berriau et voyait en lui un frère. En 1918, lorsque celui-ci viendra à mourir du typhus, il se considérera un peu comme le protecteur de Simone alors enceinte de deux mois d'Héléna. Quelques années plus tard à Paris, il deviendra même son amant puis son ami fidèle. Il aura plaisir à l'accueillir avec ses amis dans ses palais de Marrakech, manifestant toujours une grande générosité à son égard.

S'étant opposé au sultan Mohamed V favorable à l'indépendance et ayant œuvré à son départ, il sera à son retour d'exil en 1955, contraint de se soumettre. Il mourra peu de temps après dans un petit village de l'Atlas.

« *J'avais découvert le Paris des années folles avec le Pacha, il m'avait vu débuter à l'Opéra-Comique, il avait été l'un des premiers hôtes de Mauvanne. Je ne l'avais perdu de vue que pendant la guerre, à travers lui avait toujours survécu le Maroc de Berriau et de ma jeunesse. C'était fini.* » confie Simone Berriau dans son livre[9].

C'est, alors qu'elle était encore soprano à l'Opéra-Comique, où elle restera treize années, que la future directrice du théâtre Antoine avait fait la connaissance d'Yves Mirande (1876-1957). Elle était sur le point de divorcer du docteur Schröder avec qui elle s'était mariée à Hyères en 1934. Cette courte union lui avait fait oublier sa liaison avec le chef d'orchestre Albert Wolff qui ne vivait que pour la musique et l'avait laissée insatisfaite.

À sa soif de fantaisie, de joie vivre, Yves Mirande allait pouvoir répondre. Journaliste, puis dramaturge, scénariste et réalisateur, il était connu pour ses mots d'esprit, ses blagues. C'était un être imprévisible dont les facéties allaient détourner Simone Berriau de la morosité du quotidien.

Peter Brook qui s'est trouvé à déjeuner avec lui, le décrit ainsi : « *Boulevardier célèbre toujours vêtu d'un élégant costume gris perle et chaussé de bottines parfaitement cirées. Il avait une moustache finement tournée et dans les yeux une lueur qui faisait qu'on guettait ses traits d'esprit ; cet homme parlait peu, mais dès qu'il le faisait on buvait ses paroles[10]* ».

C'est lui qui acheva de convaincre en 1943 Simone Berriau d'acheter le théâtre Antoine, de se lancer dans cette nouvelle aventure où il serait à ses côtés, fort de son expérience dans ce domaine et de ses pièces à succès.

---

[9] *Simone est comme ça*, page 220.
[10] *Oublier le temps*, Éditions du Seuil, page 122.

Comme avec d'autres hommes qu'elle fréquenta, la relation entre Simone Berriau et Yves Mirande évolua de l'amour vers l'amitié, avec une particularité toutefois. Il continua d'habiter chez elle, à partager sa vie en quelque sorte. Et Simone Berriau fit le nécessaire pour que cette situation se prolonge.

Un jour Louise de Vilmorin, qui n'était pas encore la compagne d'André Malraux, voyant en Simone la tutrice de Mirande, lui demanda la main de celui-ci qu'elle refusa, ne voulant pas mettre fin à vingt années de compagnonnage.

Tous les nouveaux prétendants de Simone durent faire avec la présence du dramaturge dans son appartement...

« *Avec la mort de Mirande, l'ennui est entré dans ma vie. Malgré la tendre présence de Maurice Guénot, l'appartement de la rue Raynouard semblait vide et horriblement triste sans cette irremplaçable présence*[11] » avoue-t-elle dans son livre.

La résidence qui a poussé au bord de l'eau n'a donc pas seulement effacé les mauvais souvenirs d'un drame collectif. Elle a été projetée à un moment où Simone Berriau avait besoin de dissiper de grandes peines personnelles. Dans les deux cas, il s'agissait de basculer dans des temps nouveaux où le bonheur de vivre ferait son retour.

---

[11] *Simone est comme ça*, page 223.

ARRÊT AU CIMETIÈRE

En déplaçant ses centres d'intérêt au bord de mer, Simone Berriau tentait donc un renouvellement qui ne pourrait toutefois éliminer le souvenir. Cela, d'autant plus qu'Yves Mirande lui avait demandé d'être inhumé à Hyères.

Je me suis rendu au cimetière et j'ai cherché à savoir où se trouvait sa sépulture. Sur l'ordinateur, son nom n'apparaissait pas, alors celui qui me renseignait aimablement est allé chercher un registre sur les étagères et a regardé à la lettre M de l'année 1957. Il n'y avait rien non plus.

Yves Mirande, nous réservait-il une dernière blague dont il avait le secret ? Déjà, il avait dit à Simone : « *Quand tu iras faire ton marché, tu passeras devant le cimetière et seras bien obligée de me faire une petite visite. On ne se débarrasse pas de moi comme cela...*[12] ».

Je me suis souvenu alors avoir lu que Blanchette la sœur de Simone Berriau était enterrée à proximité et j'ai demandé de rentrer dans l'ordinateur le nom de « Bossis » qui était comme celui de sa sœur, son nom de jeune fille. La machine a répondu positivement, elle a même donné la liste de ceux avec qui elle partageait le caveau. Parmi eux se trouvait un certain Charles Le Querrec, nom pour l'État civil d'Yves Mirande...

Je suis allé me recueillir sur sa tombe. Dans le marbre était bien gravé son nom d'artiste au-dessous de celui de Blanche Roberge, née Bossis (1888-1955).

---

[12] *Simone est comme ça*, page 222.

On pouvait y lire aussi celui d'Henriette Berriau-Bossis dit Héléna Bossis (1919-2008).

À la différence des cimetières parisiens, je n'avais pu me procurer à l'entrée un plan indiquant les sépultures méritant un intérêt particulier. Dans la capitale, du Père-Lachaise au cimetière Montparnasse, en passant par le cimetière de Montmartre, celles-ci sont nombreuses et condensent toute l'histoire de notre pays.

C'est au cimetière de Montmartre que se trouve la tombe de Simone Berriau (1896-1984) qui a rejoint le colonel et sa mère disparue en 1957. À côté se situe celle du chanteur Dany Logan et à proximité le dernier domicile du peintre Edgar Degas et du Maréchal Lannes. Un peu plus bas repose François Truffaut, mort cette même année 1984. Tous les deux furent amis et ce que Simone raconta à François de son expérience de directrice de théâtre sous l'Occupation lui fut très utile pour la réalisation de son film *Le Dernier Métro*[13]. En ces temps difficiles, elle fut la première femme à diriger un théâtre à Paris. Dans la fiction, le personnage de Marion Steiner joué par Catherine Deneuve en fait de même.

Je suggère qu'au plan s'ajoute un livret donnant quelques renseignements supplémentaires sur les disparus. Ainsi à Hyères à propos d'Yves Mirande on pourrait par exemple apprendre qu'il est l'auteur de la comédie *Le Chasseur de chez Maxim's*, de l'opérette *Arsène Lupin banquier*, qu'il est associé comme

---

[13] Lire à ce sujet la biographie de François Truffaut par Antoine de Baecque et Serge Toubiana, Gallimard, 1996, page 520.

scénariste ou coréalisateur à plus de soixante films dont *Paris-New York* avec Gaby Morlay et Michel Simon, ou encore *Café de Paris* et *Moulin Rouge* avec... Simone Berriau.

D'Héléna Bossis, il serait judicieux de savoir qu'elle a joué dans la pièce de Jean-Paul Sartre montée dans l'immédiate après-guerre au théâtre Antoine *La Putain respectueuse*, qu'on la retrouva en 1949 au théâtre Édouard VII dans *Un Tramway nommé désir* de Tennessee Williams, que pour la télévision, elle sera Irène Nando dans *Belphégor* en 1964 et La Mathive dans *Jacquou le croquant* en 1969 sans compter ses rôles au cinéma.

J'ai trouvé dans le fonds André Durieux des photographies de l'enterrement d'Yves Mirande. Simone Berriau y est vêtue de clair. Elle est coiffée d'un chapeau à jugulaire qui est sa marque de reconnaissance, porte des gants blancs et un sac à main assorti à la couleur de sa robe. Ses sourcils ont été dessinés comme à l'accoutumée au crayon, mais cette élégance ne peut masquer un visage défait par la tristesse.

Simone est au premier rang pour suivre le corbillard, elle donne la main à un petit garçon. Derrière elle un cortège important de fidèles et de curieux. On y reconnaît par sa soutane et sa prestance, l'abbé Galli, cet ancien avocat devenu acteur de cinéma, qui joua le rôle principal dans *L'Homme à l'Hispano* avant de s'engager dans la prêtrise.

Georges Galli reviendra dans ce même cimetière deux ans plus tard pour l'enterrement d'un autre acteur,

Henri Garat. Gloire du cinéma d'avant-guerre, interprète de la chanson *Avoir un bon copain*, Henri Garat est mort dans la misère la plus totale en 1959. Alertée de son état de délabrement physique du fait de la drogue et de l'alcool, Simone Berriau s'était rendue à son chevet à l'hôpital de Hyères et avait tout fait pour le réconforter.

En m'éloignant de la tombe d'Yves Mirande, j'ai remarqué qu'elle se situait à côté du caveau de la famille Salusse et je me suis rappelé que c'est une madame Salusse qui avait vendu à la directrice du théâtre Antoine, le terrain pour la construction de sa résidence.

C'était une attache de plus avec l'histoire de la ville, à laquelle Simone Berriau avait lié la sienne dès 1934, quand elle avait acheté le domaine de Mauvanne.

LA TERRE ET LA VIGNE
AVANT LA PLAGE

C'est en effet à Mauvanne qu'a été préparée *Simone-Berriau-plage*. Dans le fonds Durieux, j'ai trouvé cette photo où Pierre Pascalet présente à la directrice du théâtre Antoine son projet de résidence. Il l'a peint à l'aquarelle et déroulé sur une table de la terrasse du château d'où l'on pourra l'apercevoir une fois réalisé.

Situé à deux kilomètres à l'intérieur des terres, en bordure de la route de Nice, ce beau logis provençal, a donc été le berceau d'un complexe de vacances en rupture avec les modes de vie antérieurs de sa propriétaire et de ses hôtes.

C'est en châtelaine que se comportait Simone Berriau sur ce domaine d'une soixantaine d'hectares consacrés à la vigne et à la production de vin. Elle menait grand train dans cette demeure qu'elle avait complètement réaménagée, avec sa rampe Louis XIV en ferronnerie, ses balcons en fers forgés, ses marbres, ses onze chambres et salles de bain, sa gigantesque salle à manger, son mobilier ancien...

Châtelaine pourtant, elle ne l'avait pas toujours été puisque ses parents avaient tenu dans le Calvados un petit bureau de tabac et qu'à la mort de son père, elle avait continué une enfance modeste chez ses grands-parents en Loire-Atlantique. Elle y avait même subi les humiliations dues à sa condition sociale lorsque accompagnant son grand-père chez le seigneur local un domestique les avait obligés à passer par la porte de service.

Mais elle avait pris sa revanche, d'abord en se mariant avec le colonel Berriau, puis en devenant une cantatrice adulée de l'Opéra-Comique, titulaire du rôle de Michaëla dans *Carmen* puis de Mélisande dans *Pelléas et Mélisande* de Claude Debussy, ainsi que l'actrice à succès du cinéma des années trente tournant pour Max Ophüls ou Claude Autant-Lara.

Elle ira même jusqu'à créer sa propre société *Éden Productions* pour financer au Maroc un film à grand spectacle, intitulé *Itto*, pour lequel le Glaoui lui fournira tous les figurants nécessaires.

La gloire la saisira dans l'euphorie des années folles. Elle y goûtera toutes ses fêtes et ses fastes, roulera dans les premières voitures décapotables, jouera au casino sur la Côte d'Azur, possédera villa et yacht à Cannes...

Mais consciente des pouvoirs destructeurs de ce tourbillon, Simone Berriau aspirera finalement à un ancrage terrien en Provence maritime à l'instar de son amie la romancière Colette qui avait acheté une villa dans le petit village de Saint-Tropez dès 1925.

Là, au milieu de ses vignes, elle pourra se reposer de la vie parisienne et se ressourcer, entourée néanmoins de tous ses proches et amis à qui elle ne manquera pas de faire partager le bonheur de séjourner sur le littoral varois.

Acheté en 1934, revendu à la fin des années soixante, le domaine de Mauvanne correspond donc à une période qui s'étend des premiers contrecoups de la crise de 1929 aux événements de Mai 68, incluant 1936 et le Front populaire ainsi que la Deuxième Guerre mondiale.

Autant dire que lorsque Pierre Pascalet est venu lui montrer l'aquarelle représentant sa future résidence, avec sa tour, ses deux immeubles, sa piscine, sa plage, ses voiliers naviguant au large, c'est dans un autre monde qu'il l'a fait basculer.

Elle ne sera pas la seule bien sûr à vivre cette mutation, tout le pays des îles d'Or auquel se rattache son domaine sera concerné.

Simone Berriau avait découvert Hyères au crépuscule de sa grandeur, au moment où ses nombreux palaces et hôtels, autrefois fréquentés l'hiver par une riche clientèle en majorité britannique, avaient fermé les uns après les autres. Plus de trente années après, elle quittera la ville alors que celle-ci entrera dans le tourisme estival de masse.

À moins d'un kilomètre de sa propriété se dressait en 1934 le Golf-Hôtel, un équipement de luxe comportant trois cents chambres, des courts de tennis, deux parcours de golf de dix-huit et dix trous sur une superficie d'une quarantaine d'hectares. Il sera détruit en 1944 lors de violents combats pour la libération de Hyères, tout comme sera sérieusement endommagé et pillé le château de Mauvanne où s'étaient installés dès 1943 des officiers allemands au grand dam de sa propriétaire.

Vue avec les yeux d'un exploitant viticole, cette fin des grands hôtels signifia une perte de débouchés et l'obligation de trouver de nouveaux marchés. Avec l'aide de son beau-frère Jules Roberge puis de celle de Maurice Guénot et bien sûr de tout le personnel attaché au domaine dont son régisseur Monsieur

Julien, Simone Berriau saura y répondre. De nouveaux cépages seront plantés, le vin de Mauvanne montera en qualité, il obtiendra plusieurs fois la médaille d'or au Concours agricole. Grâce à son entregent, la directrice du théâtre Antoine pourra dans l'après-guerre faire accepter son rosé de Provence dans les plus grands restaurants et hôtels parisiens et même l'exporter jusqu'aux États-Unis.

Elle bénéficiera dans son entreprise des conseils de Paul Ricard devenu un de ses amis et invités de Mauvanne. L'industriel visionnaire, inventeur du célèbre pastis portant son nom, sera même sollicité pour participer au projet résidentiel du bord de mer. Mais en ces mêmes années cinquante qui se terminent, il a lui-même lancé ses propres réalisations dans la société des loisirs avec l'achat et l'aménagement des îles des Embiez et de Bendor entre Toulon et Marseille. L'échange restera néanmoins fécond, car c'est par l'intermédiaire de Simone Berriau que Paul Ricard sera mis en contact avec Alain Bombard à qui il allait confier la direction de son Institut océanographique.

Mauvanne, fut cela aussi, et peut-être avant tout, une plaque tournante où se côtoyèrent tous ceux avec qui la directrice du théâtre Antoine était en relation et qu'elle invitait généreusement à sa table.

Ils furent nombreux, musiciens, comédiens, gens de lettres, du théâtre et du cinéma, journalistes, hommes politiques, acteurs de la vie économique ou amis tout simplement, indépendamment de leur rang ou de leur statut social, à venir déjeuner, dîner ou dormir à Mauvanne.

Sur la liste des hôtes du domaine, quelques noms peuvent être retenus. Tout d'abord ceux des différents maris de Simone, Paul Schröder et Georges Brandel, colonel lui aussi. Ceux de ses amants, anciens et nouveaux, le Glaoui, Yves Mirande et Maurice Guénot. C'est à Mauvanne que se noua l'idylle avec ce dernier, venu initialement pour être son professeur de gymnastique et son masseur.

Il y eut également les amies très proches, l'actrice Cécile Sorel et Colette. Elle a vécu avec la première l'ivresse des années folles, a été fascinée par ses extravagances et lui restera fidèle jusqu'à sa mort en 1966 alors que celle-ci allait fêter ses quatre-vingt-treize ans. Elle partagera avec la seconde le même amour fervent pour tout ce que la vie peut offrir.

Le journal *République* du 19 décembre 1962, qui rend hommage à Simone, a choisi de reproduire un texte de la romancière racontant un voyage commun en voiture depuis Paris jusqu'à Mauvanne. Il durera vingt heures, connaîtra onze pannes. La propriétaire du domaine : « *a revêtu un costume de voyage grand sport : organdi blanc à fleurettes multicolores, pas de manches, grand chapeau de paille blanche noué d'un velours noir* ». Et le vent d'été va révéler en soulevant sa jupe : « *la présence d'un slip grand comme un pétale de rose* ». Ce voyage ne cessera d'être sous la plume de Colette une célébration des sens. Celle-ci tient à souligner « *l'odeur enchanteresse qui, au cours d'une panne, nous tint émus sur le bord de la route, respirant le serpolet, le ciste, la menthe poivrée, le fenouil, le thym, les térébinthes... »*

Le ton est donné, les plaisirs seront champêtres. « *C'était tous les jours fête à Mauvanne* » notera Maurice Guénot[14], quant au journaliste, écrivain et scénariste Henri Jeanson, il commencera ainsi son poème dédié au domaine :

> « *Mauvanne*
> *C'est un paradis merveilleux*
> *Car c'est un paradis sans dieu*
> *C'est un endroit miraculeux* »

On peut comprendre dans ces conditions pourquoi on ne rechignait pas à y venir. Le plus célèbre des visiteurs est sans conteste Charlie Chaplin qui profita d'un passage dans la région pour rencontrer Simone accompagné de son épouse Oona et de quelques amis.

Pierre Lazareff, patron de *France-Soir*, mais auparavant directeur d'*Éden Productions*, est à inscrire aussi sur la liste. « *Il était toujours dans ses préoccupations, ses lunettes sur le front. Tout à coup, il se levait de table parce qu'il avait une idée en tête. C'était très drôle et c'était aussi passionnant* » se souviendra Héléna Bossis[15].

Signalons encore le compositeur Georges Auric qui rappelle le compagnonnage de Simone Berriau avec la musique et les musiciens. Lorsqu'elle vécut avec le chef d'orchestre Albert Wolff, elle fréquenta Arthur

---

[14] *La Chance apprivoisée*, page 156.
[15] *Var-Matin*, 11 décembre 2003.

Honegger et Darius Milhaud, rencontra même en Italie Toscanini.

Mais à partir de 1943, c'est le théâtre et les comédiens qui prirent le pas et leur venue à Mauvanne a souvent correspondu avec des engagements sur les planches du théâtre Antoine.

C'est ainsi que Louis Jouvet qui mettait en scène *Le Diable et le Bon Dieu* de Jean-Paul Sartre est venu, qu'André Luguet qui joua dans *La Main passe* de Feydeau fut aussi de la partie, que Raf Vallone et Marcel Bozzuffi engagés dans *Vu du pont* d'Arthur Miller se virent également conviés. Simone Berriau n'oublia pas non plus ceux qui représentaient à ses yeux la jeune génération. Dans le fonds Durieux, figurent des photographies de Jean-Pierre Cassel accompagné alors de Françoise Dorléac, ainsi que d'Annie Girardot à qui furent offerts en 1958 quelques jours de repos après une intervention chirurgicale.

Si le domaine de Mauvanne constitue le socle de lancement de *Simone-Berriau-plage*, il fut aussi la base arrière du théâtre Antoine.

UN GRAND THÉÂTRE PARISIEN

En devenant propriétaire du théâtre Antoine en 1943, Simone Berriau faisait l'acquisition d'une scène parisienne chargée d'histoire.

C'est dans le Paris de Napoléon III que le bâtiment avait vu le jour en 1866 sur un axe de circulation dessiné par le Baron Haussmann et menant à ce qui allait devenir la gare de l'Est.

Situé au n°14 du boulevard de Strasbourg, dans le dixième arrondissement, la salle qu'elle devait connaître, et qui a été inscrite en 1989 au titre des Monuments historiques, avait été reconstruite en 1881.

C'est un théâtre à l'italienne avec son hall, ses escaliers menant aux différents balcons, son foyer au premier étage, ses velours rouges et ses dorures...

Sa façade de deux étages, enchâssée entre deux immeubles plus élevés, en garde encore aujourd'hui tout le caractère. Elle est percée au premier de grandes verrières éclairant le foyer. Celles-ci sont surmontées de mosaïques où l'on peut lire les mots comédie, drame, musique. Les dominent les ouvertures du second alternant avec deux bas-reliefs et donnant au centre sur un balcon. C'est un tympan qui clôt l'ensemble et le relève avec les fausses colonnes latérales d'une référence à l'architecture grecque.

Dans le Paris de l'occupation toutefois, l'apparence autant extérieure qu'intérieure n'était pas aussi pimpante et sa nouvelle directrice d'avouer : « *Tout était à refaire, la couverture fuyait, les fauteuils craquaient et risquaient de s'effondrer, la moquette n'offrait qu'accrocs et taches* » et de déplorer aussi que « *les ors étaient ternis et les murs plus grisâtres que ceux d'une caserne. Quant aux loges, elles tenaient du taudis et il fallait retaper la machinerie* »[16].

Ainsi commençait une longue liste de dépenses auxquelles elle aurait à faire face... Mais l'héritage n'était pas seulement matériel, il était surtout spirituel. Différents directeurs s'étaient succédé dans ce théâtre, qui avaient imprimé leur marque et c'est à leur suite que Simone Berriau voulait s'inscrire.

En tout premier lieu, bien sûr, il y avait André Antoine qui avait donné son nom en 1897 à l'établissement précédemment appelé *théâtre des Menus-Plaisirs*. Il était encore en vie au moment du rachat et terminait ses jours non loin de Nantes dans la commune du Pouliguen.

André Antoine, à l'origine employé de la Compagnie du gaz, fut le fondateur entre 1887 et 1894 d'un mouvement théâtral appelé *Théâtre-Libre*. Avec sa troupe de comédiens amateurs, il voulait « *faire du Théâtre-Libre une arme contre la convention vulgaire et les habiletés grossières du théâtre à la mode* »[17]. Il est considéré à ce titre comme un pionnier du théâtre contemporain.

Proche de l'école naturaliste, il se fait remarquer par le réalisme de ses décors[18] mais aussi par la « *vérité du jeu, l'intensité de l'atmosphère, la cohésion et l'unité du spectacle* »[19]. Il introduit dans le même temps en

---

[16] *Simone est comme ça*, page 140.
[17] Alfred Simon, *Dictionnaire du théâtre français contemporain*, Larousse, 1970, page 70.
[18] On réécoutera à ce sujet l'émission *Au cœur de l'histoire* qu'a consacrée Franck Ferrand au théâtre Antoine le 27 janvier 2017 sur Europe 1.
[19] Alfred Simon, *Op. cité,* page 70

France le théâtre de nouveaux auteurs étrangers tels Ibsen, Strindberg, Hauptmann mais aussi Tolstoï.

Simone Berriau lui consacrera son premier spectacle qui s'intitulera *À la gloire d'Antoine*, grâce au concours de Sacha Guitry qui lui apportait sa renommée en même temps qu'un choix fait dans l'esprit du Théâtre-Libre : *Jacques Damour*, une adaptation de Zola, *Le Baiser* de Théodore de Banville, *La Première Lettre* de Courteline.

Invité à honorer de sa présence l'hommage qui lui était rendu, André Antoine devait mourir le 19 octobre 1943, jour de la générale, à l'âge de 85 ans. Le fils d'Émile Zola, dont le père était un ami du fondateur du Théâtre-Libre, compta par contre parmi les invités.

Simone Berriau ne pouvait espérer passage de relais ou plutôt de « brigadier » plus symbolique.

Une autre figure tutélaire allait également être présente à son esprit, celle de Firmin Gémier (1869-1933) qui avait dirigé le théâtre Antoine de 1906 à 1919 et dont elle occupera le bureau.

Prolongateur de l'esthétique d'Antoine, Firmin Gémier est aussi un pionnier, avec son théâtre ambulant, de la décentralisation théâtrale. En 1920, il va créer le Théâtre national populaire qui sera installé au Palais du Trocadéro, là même où sera construit en 1937 le Palais de Chaillot, siège à partir de 1951 du TNP de Jean Vilar.

Au théâtre Antoine, il s'illustrera notamment par la programmation de plusieurs pièces de Shakespeare dont il réintroduira le répertoire en France.

À Simone Berriau maintenant d'être digne de ses prédécesseurs, tout en se confrontant à toutes les difficultés inhérentes à sa nouvelle fonction.

Il s'agit de ne pas se tromper de programmation, de répondre à la fois à l'exigence de qualité et de rentabilité, des objectifs parfois inconciliables.

Une fois la pièce trouvée, il faut garder la confiance de l'auteur et choisir le metteur en scène ainsi que les acteurs, gérer tous les aléas qui en découlent. Le metteur en scène est dans sa logique qui ne tient pas toujours compte des réalités financières. Simone Berriau sera appelée par plusieurs d'entre eux « Madame Ciseaux ». Elle ne peut accéder à tous leurs désirs et laisser jouer des pièces trop longues. Il faudra cependant les choyer, tous comme les acteurs, savoir accompagner leurs succès et leurs échecs.

Pour que le public soit au rendez-vous, une bonne presse est indispensable. Il faut s'accorder les faveurs des critiques, bien les accueillir et les placer le jour de la générale. Pour faire parler de son théâtre, une vie mondaine est aussi nécessaire. Là, Simone sera dans son élément, fréquentant avec aisance les grands restaurants et les salons des hôtels de luxe parisiens.

La passion du théâtre est une passion dévorante, d'argent, d'énergie, de temps. Elle exige de pouvoir donner beaucoup de soi-même. Savoir qu'à tout moment en Provence, un coin de paradis l'attendait ne pouvait qu'aider Simone Berriau à avancer sur ce chemin pavé d'imprévus où en pleine guerre elle s'était courageusement engagée.

CES IMMEUBLES DONT LE NOM
EST UNE PIÈCE DE THÉÂTRE

Lors de ma visite à *Simone-Berriau-plage* c'est Paul Vilalta qui m'avait expliqué que les trois bâtiments portaient le nom de pièces jouées au théâtre Antoine. Il m'avait également appris que l'immeuble *Le Mirande* qui se situait en retrait avec une architecture plus commune ne faisait pas partie du projet d'origine et avait été construit bien après.

La Chatte sur un toit brûlant, *L'Heure éblouissante*, *Vu du pont* ont été choisies dans le répertoire qui va de l'immédiate après-guerre à la fin des années cinquante et précédant forcément la construction de la résidence.

C'est durant cette période que Simone monta aussi cinq pièces de Jean-Paul Sartre : *Morts sans sépulture*, *La Putain respectueuse*, *Les Mains sales*, *Le Diable et le Bon Dieu* ainsi que *Nekrassov*.

Parmi toutes c'est *Le Diable et le Bon Dieu* qui reste la plus marquante et pour plusieurs raisons. D'abord parce que Louis Jouvet en fut le metteur en scène et pour la dernière fois de sa carrière, car il mourut l'année de sa création en 1951, ensuite par sa distribution qui comptait notamment Pierre Brasseur, Jean Vilar et Maria Casarès, enfin par le succès que rencontra la pièce qui fut jouée six cents fois à guichets fermés.

Nekrassov ne laissera pas le même souvenir. Déjà le sujet avait mis Simone dans l'embarras, car il contenait une satire de la presse à sensation inspirée par le journal *France-Soir* et son directeur, son ami Pierre Lazareff. La directrice du théâtre Antoine avant de monter le projet avait dû s'assurer auprès de lui qu'il n'en prendrait pas ombrage. L'accueil de la presse fut toutefois très hostile et la pièce connut une véritable déroute. Par solidarité avec Jean-Paul Sartre, Simone raconte que « *pour lui, j'ai gardé la pièce jusqu'à la centième représentation, alors que j'aurais dû l'arrêter au bout de quinze jours ou trois semaines* » avouant qu'elle préférait « *perdre de l'argent et garder son estime* »[20]. Sa collaboration avec l'auteur de *La Nausée* s'arrêtera néanmoins là.

C'est dans cette même période qu'elle montera une adaptation par Albert Camus des *Possédés* de Dostoïevski. Avec vingt-deux tableaux, trente-trois acteurs dont Pierre Blanchar, Michel Bouquet, Pierre Vaneck, cette production d'une durée de trois heures quarante était une nouvelle audace de Simone Berriau.

Il y eut des éloges, mais ils ne furent pas suffisants. « *Le demi-succès est parfois pire que l'échec. Celui des Possédés, pièce au plateau très coûteux, a tourné pour moi à la catastrophe financière* » reconnaît-elle dans son livre de souvenirs, allant jusqu'à confier que « *pour la première fois, j'ai eu envie de vendre mon théâtre* »[21].

La renommée d'un auteur n'est pas une garantie de succès. Il est préférable d'oublier ses échecs, particulièrement quand ils sont attachés à des titres qui inspirent le rejet. On imagine mal un immeuble s'appeler *Le Nekrassov* ou *Les Possédés*. Et même un succès peut avoir une dénomination inappropriée. Dans *Le Diable et le Bon Dieu*, il y a l'idée de l'enfer.

---

[20] *Simone est comme ça*, pp 206-207.
[21] *Op. cité*, page 231.

Qui aimerait y habiter ? Sur les hauteurs de Hyères se trouve le quartier Paradis...

La promotion immobilière a ses lois. Il fallait trouver une appellation qui concilie les références théâtrales à l'esprit du lieu que l'on associe au plaisir, au bonheur, aux vacances au bord de mer. Aux curieux ensuite de remonter de l'effet produit par le titre jusqu'à son contenu véritable et son histoire.

*

La Chatte sur un toit brûlant, retenue pour l'immeuble le plus à l'est de la copropriété, correspond bien aux critères. Mais la pièce de Tennessee Williams, créée pour la première fois à New York en 1955, présentée l'année suivante au théâtre Antoine, adaptée au cinéma en 1958 par Richard Brooks avec Elizabeth Taylor et Paul Newman dans les rôles principaux, n'est pas une histoire gaie.

L'univers y est oppressant, le chef de famille qui réunit les siens pour son anniversaire est atteint d'un cancer, son fils préféré est dépressif et son couple est en crise.

Simone Berriau avait fait venir de Londres Peter Brook pour mettre en scène la pièce en France. Il se voudra le seul maître à bord et s'amusera quand celle-ci espionnera les répétitions depuis le trou du souffleur. Il sera aussi un peu choqué que durant les auditions Simone : « *demanda aux actrices – qui n'en furent ni étonnées ni offusquées – de soulever leurs jupes afin de soumettre leurs cuisses et mollets à son approbation »*[22].

C'est Jeanne Moreau qui se verra attribuer le rôle féminin principal. Le premier contact avec Peter Brook ne fut pas des meilleurs, mais la glace entre les deux finit par se rompre. Elle sera entourée de Paul Guers, Balpétré et Maurice Dorléac, le père de Françoise et de Catherine Deneuve.

L'adaptation en français avait été initialement proposée à la directrice du théâtre Antoine par André Obay, un auteur qui ne connaissait pas l'anglais. Il fallut la refaire sans heurter sa susceptibilité.

Tous les obstacles surmontés, *La Chatte sur un toit brûlant* connut deux cent cinquante représentations, mais elles nécessitèrent un effort coûteux de publicité. Et Peter Brook de regretter qu' « *il nous fut impossible de trouver une passerelle qui aurait pu conduire un public français sceptique à apprécier une histoire qui, pour le public de Broadway, était bouleversante »*[23].

*

L'Heure éblouissante choisie pour la tour était en parfaite adéquation avec le bâtiment. Toute la journée il n'allait cesser d'offrir à ses occupants des moments privilégiés depuis le lever du soleil sur les marais salants tout proches jusqu'au coucher irisant le ciel de ses rouges orangers, sans compter ces temps intermédiaires où la mer est éclaboussée de lumière.

La pièce fut créée en 1952. Simone Berriau avait été séduite par l'adaptation d'Albert Verly de l'œuvre

---

[22] *Oublier te temps*, op. cité, page 123.
[23] *Op. cité*, page 126.

en italien d'Anna Bonacci. C'est l'histoire d'une bourgeoise et d'une courtisane attirées sans se connaître par l'existence de l'autre. L'espace d'une nuit, elles vont pouvoir vivre ce qui n'était jusque là qu'un rêve...

Simone jugea cependant les dialogues d'Albert Verly un peu plats et confia à Henri Jeanson le soin de les réécrire. Il vint pour cela à Mauvanne et composa à cette occasion le poème déjà cité. Elle choisit pour la mise en scène Fernand Ledoux, Suzanne Flon pour jouer la sage bourgeoise et Pierre Blanchar pour être son mari à la scène. Quant au rôle de Géraldine, elle le confia à une jeune débutante qui s'appelait Jeanne Moreau.

Quelques jours après la générale qui fut un triomphe, Suzanne Flon se retrouva aphone. Dans l'urgence, Simone eut l'idée de confier son rôle à Jeanne Moreau qui n'était jamais sur scène en même temps qu'elle. Elle releva le défi et interpréta avec brio les deux personnages. Cette performance lui valut la couverture de *Paris-Match* et contribua fortement à lancer sa carrière.

La pièce tint l'affiche pendant deux ans, plus longtemps que *Le Diable et le Bon Dieu*, avant de partir en tournée en province.

*

Vu du pont correspondait aussi parfaitement pour le troisième bâtiment, le plus à l'ouest de la propriété, construit avec une légère incurvation qui offrait une vue panoramique incluant l'embouchure du Gapeau.

Le drame d'Arthur Miller écrit en 1955 fut monté au théâtre Antoine en 1958. C'est Peter Brook qui proposa *Vu du pont* à Simone Berriau, il en assura la mise en scène et les décors. Simone demanda à Marcel Aymé d'en écrire l'adaptation en français et imposa Raf Vallone, qu'elle venait d'apprécier au cinéma dans *Thérèse Raquin* et *Obsession*, pour le rôle d'Eddie Carbone. Il correspondait le mieux à ce « *beau garçon pittoresque, passionné et jaloux* »[24] qu'elle cherchait.

La pièce remporta un très grand succès. Le théâtre Antoine une nouvelle fois se montrait précurseur. En 1962 quand Sidney Lumet adapta *Vu du pont* pour le cinéma, il reprit Raf Vallone dans le rôle principal.

En 2015, dans une nouvelle adaptation, la pièce sera montée par le théâtre de l'Odéon. Le rôle d'Eddie Carbone vaudra à Charles Berling d'être distingué par un "Molière". Par la force de son interprétation, il élèvera son personnage, ce docker d'origine italienne du quartier de Brooklyn, au rang de héros de la tragédie grecque.

---

[24] *Simone est comme ça*, page 213.

LES DEUX ROULOTTES

Depuis Mauvanne Simone Berriau aimait se rendre à Hyères pour faire son marché. Les plus anciens se souviennent de ses passages remarqués chez les commerçants avec des chapeaux toujours différents.

Pour aller de sa propriété jusqu'au centre-ville, il lui fallait passer devant la caserne Vassoigne. C'est là que Jean Vilar y fit d'octobre 1937 à octobre 1938 son service militaire au sein du 3e Régiment d'Infanterie Alpine.

Elle n'était à l'époque pas encore la directrice du théâtre Antoine, il n'avait quant à lui pas vraiment commencé son parcours d'acteur. L'heure de la rencontre n'était pas venue.

Celle-ci aura lieu en 1951 quand Louis Jouvet mettra en scène *Le Diable et le Bon Dieu* de Jean-Paul Sartre au théâtre Antoine et lui confiera le rôle d'Heinrich.

Pour Jean Vilar, travailler avec Louis Jouvet dans un établissement qui avait été dirigé par Antoine, c'était s'inscrire dans cette ligne de renouvellement de l'expression théâtrale qu'il ne cessera de défendre toute sa vie.

Louis Jouvet avait fondé en 1926 avec Charles Dullin, Gaston Baty et Georges Pitoëff, le Cartel des quatre, une association de directeurs de théâtres privés dont la doctrine commune n'était autre que : « *la révolte contre la commercialisation de plus en plus grave de l'art théâtral* »[25]. La tentative était comparable à celle d'Antoine et de son Théâtre-Libre

---

[25] Alfred Simon, *Dictionnaire du théâtre français contemporain*, Larousse, 1970, page 106.

au siècle précédent, avec cette fois un refus du naturalisme brut.

C'est à l'école de Charles Dullin, disparu en 1949, que Jean Vilar s'était personnellement forgé cette conception du théâtre entre 1932 et 1937. C'est à son retour du service militaire en 1938 qu'il avait commencé à la mettre en pratique.

Il avait donc en 1951, plus de dix années d'expérience, ayant joué dans différentes troupes dont celle de *La Roulotte* entre 1941 et 1943 qui lui avait permis de vivre une première expérience de décentralisation théâtrale et de se frotter au répertoire des grands classiques (Molière, Musset) ainsi que d'auteurs étrangers (Synge). De plus, depuis 1947, il s'était lancé dans l'aventure du festival d'Avignon.

« *J'ai engagé le plus studieux et le moins prétentieux de nos grands hommes de théâtre, Jean Vilar* » raconte Simone dans son livre en ajoutant quelques détails sur son attitude : « *Assez réservé, respectueux des autres mais peu familier avec les comédiens, il s'est lié d'amitié avec moi et a eu tout de suite d'excellents rapports avec Sartre* »[26].

C'est durant son passage au théâtre Antoine que va se produire un événement déterminant dans la destinée de Jean Vilar. Jeanne Laurent, sous-directrice des spectacles et de la musique à la direction générale des Arts et Lettres au ministère de l'Éducation nationale (le ministère de la Culture n'existe pas encore) va lui proposer de prendre la direction du TNP.

---

[26] *Simone est comme ça,* page 180.

Après un court délai de réflexion, ce dernier acceptera et quittera ainsi le théâtre privé pour s'engager sur une voie différente qu'il allait profondément marquer et rénover.

Mais au moment de sa décision, il est encore sous contrat avec le théâtre Antoine qu'il ne peut quitter comme ça. « *Vendredi, samedi, dimanche se sont passés à répéter à Antoine l'après-midi, le soir et le matin à préparer le TNP. Berriau ne veut pas me lâcher. Je vois le soir, le président des Directeurs de Paris pour lui réclamer un arbitrage.* » écrit-il à son épouse en août 1951[27]. Au bout du compte, durant deux mois, il lui faudra mener de front ses deux engagements avant de pouvoir se consacrer entièrement à sa nouvelle fonction.

Ainsi la vie avait rapproché puis séparé deux fortes personnalités dont la passion pour le théâtre s'incarnait différemment et dont les parcours recouvraient le vieux clivage théâtre privé/théâtre subventionné. Toutefois pour l'un et l'autre, les deux formules allaient réserver le même lot de difficultés.

C'est un contrat léonin que Jeanne Laurent fera signer à Jean Vilar. Jacques Téphany le qualifiera d' « *insoutenable* » car il « *rend Vilar responsable sur ses biens propres d'éventuels déficits, investissements et bénéfices restant acquis à l'État* »[28].

S'y ajoutera la volonté de contrôle du pouvoir politique qui est le financeur. Le nouveau directeur devra batailler pour imposer le répertoire de son choix

[27] Correspondance inédite présentée par Jacques Téphany, *Cahiers Jean Vilar*, n°113, page 118.
[28] Dans les pas de Jean Vilar, *Cahiers Jean Vilar*, n°112, page 46.

et remplir en toute indépendance sa mission de service public inscrite dans le cahier des charges. De guerre lasse, les subventions accordées n'étant pas à la hauteur de ses objectifs, Jean Vilar ne demandera pas en 1963 le renouvellement de son contrat.

De son côté, pour continuer une politique d'auteur qui lui a permis de mettre en scène Pirendello, Cocteau, Pinter, Anouilh ou encore Arrabal, Simone Berriau s'ouvrira aussi au théâtre de boulevard et produira des pièces de Marcel Achard et André Roussin, fera triompher Jacqueline Maillan et Raymond Devos.

Mais pour elle aussi viendra l'heure de la vérité financière. « *Un théâtre, cela amortit à peine quand on tient un succès (cachets et pourcentages d'acteurs pesant lourdement lorsqu'il faut un plateau important), et cela devient un gouffre lorsque l'on connaît une série d'échecs* »[29]. Il lui faudra pour sauver son établissement faire le choix déchirant de vendre sa propriété de Mauvanne.

Plus tard encore, elle quittera son appartement de Passy pour se replier au n°14 du boulevard de Strasbourg. Là, elle transformera l'ancienne salle de répétition d'André Antoine, située au-dessus du foyer, en logement.

C'est au dernier étage du théâtre qu'elle habitera désormais, dans ce qu'elle appellera avec une pointe de mélancolie, sa « roulotte ».

---

[29] *Simone est comme ça*, page 243.

AVANT DE BAISSER LE RIDEAU

Pour rendre un dernier hommage à Simone, j'ai dessiné un circuit attaché à son souvenir dans le pays hyérois et décidé de le suivre.

Me voici en centre-ville devant le Casino où lui fut remis le 22 décembre 1962 "Le Palmier d'Or" un trophée qu'avait créé le journal *République* pour distinguer une personnalité contribuant au renom de la cité. C'est bien sûr l'initiative de construire *Simone-Berriau-plage* qui était récompensée. Elle contribuait fortement à la mise en valeur touristique de la ville.

Pour l'occasion une soirée de gala fut organisée. Danse, orchestre, chanson, numéros de music-hall seront au programme. Simone recevra sa distinction des mains de Marcel Achard, entourée de Gaston Defferre, député-maire de Marseille, Jean Cocteau et Patachou qui a fait le déplacement en avion du Sénégal où elle était en tournée. Et puis les maraîchers de la ville lui offriront son poids en... artichauts.

Je roule maintenant vers Mauvanne par l'ancienne route qui passe devant la caserne Vassoigne. Juste avant de l'atteindre je laisse sur la gauche le chemin qui mène au cimetière où sont enterrés sa fille Héléna Bossis, sa sœur Blanchette et son beau-frère, ainsi qu'Yves Mirande.

Devant la caserne, je me rappelle que Jean Vilar durant son service militaire faisait partie de la musique du régiment où il jouait du violon. La scène s'annonçait...

Je viens d'arriver dans le domaine toujours en exploitation. Il a été racheté en 1999 par Monsieur

Bassim Rahal, viticulteur libanais de la vallée de la Bekaa.

Au caveau de vente où j'ai l'embarras du choix entre les rouges, les blancs et les rosés, pour acheter une bouteille pour mon ami Paul qui m'attend au bord de mer, j'apprends que Monsieur Rahal est mort il y a peu et que c'est maintenant sa fille qui lui a succédé.

Je demande si je peux voir le château qui se trouve à quelques mètres. J'ai promis à Jean-Claude Thollon d'actualiser les photographies qu'il avait prises en 2008 et qui le montraient dans un état de délabrement avancé. La situation ne s'est pas améliorée. Lui, avait pu pénétrer dans le parc, s'approcher de la piscine déjà remplie de gravats, faire le tour du propriétaire. C'est désormais impossible pour des raisons de sécurité et la grille est cadenassée. À travers elle j'aperçois les volets qui se délitent, les fenêtres ouvertes à tous les vents, la balustrade de la terrasse qui continue de s'effondrer.

Tous les hôtes de Mauvanne seraient tristes de savoir la demeure dans cet état. La personne qui m'a aimablement accueilli a parlé d'un ancien client qui voulait retrouver dans les bouteilles le goût muscat qu'il avait connu autrefois. Le goût du Mauvanne de Simone Berriau s'en est allé aussi.

Mais un état de ruines n'est pas définitif. Je pense à la Villa Noailles sur les hauteurs de la ville, laissée longtemps à l'abandon avant sa renaissance en centre d'art dédié à la mode, la photographie, l'architecture et le design.

Entre Marseille et Aubagne, le château de la Buzine, acheté par Marcel Pagnol en 1941 pour en faire un « Hollywood provençal », a lui aussi été laissé en ruines pendant des décennies. À partir de 2006, la ville de Marseille a entrepris sa restauration pour en faire en 2013 la « Maison des Cinématographies de la Méditerranée ». Qui sait ? Le château de Simone connaîtra peut-être un destin similaire.

De Mauvanne, j'emprunte la petite route qui mène jusqu'aux Salins. En chemin, je repense à tout ce que j'ai appris tout au long de mon enquête, à ces retours qui me sont parvenus à la simple évocation du nom de Simone Berriau.

J'ai eu le plaisir un jour en déambulant dans les rues de Hyères de faire quelques pas en compagnie d'André Durieux toujours vif et alerte à plus de quatre-vingt-dix ans. Il m'a dit toute la sympathie qu'il éprouvait pour la directrice du théâtre Antoine, la connivence même qui s'était établie avec elle et qui lui avait permis de prendre de nombreuses photos sur la vie à Mauvanne et à *Simone-Berriau-plage*. Il suffisait qu'un hôte de marque soit invité pour qu'on le prévienne et qu'il puisse venir réaliser son reportage.

Michèle, la plus jeune des filles de Paul Ricard, qui travaille au classement et à la numérisation des archives de son père, a découvert quant à elle de nombreux documents qui attestent des relations amicales et d'affaires que Simone entretenait avec l'industriel. Elle m'apprend que celle-ci avait offert à son père un chow-chow qui s'appelait *Itto*.

Je suis presque arrivé à *Simone-Berriau-plage*. Toutefois, avant de m'y rendre, je préfère tourner à gauche pour faire une halte sur le petit port de pêche des Salins et passer devant le restaurant *La Frégate*. C'est au-dessus que Maurice Guénot avait été hébergé avant que son histoire d'amour avec Simone commence.

Il est temps de rejoindre Paul Vilalta qui m'a réservé une surprise. J'arrive pour ma part avec une bouteille de rosé de Mauvanne et une revue qui traite de la reconstruction de Toulon après 1945. C'est un ami, Alain Depieds, féru d'architecture, qui me l'a passée, car Pierre Pascalet, l'architecte du lieu, y est mis à l'honneur.

Paul a invité à nous rejoindre l'historien Jacques Olivo que je ne connaissais jusque-là que par les pages qu'il avait écrites sur Simone Berriau.

Comme lui, il possède un appartement dans la résidence. Jacques Olivo me raconte que son amitié avec Simone est antérieure à son acquisition, qu'elle en est plutôt la cause puisqu'il a été sollicité dès le lancement de la promotion immobilière. Il a connu ses années de gloire qu'il a évoquées dans le livre déjà cité[30].

Je lui donne des noms d'acteurs et de gens de théâtre que j'ai découverts dans le Fonds Durieux : Mony Dalmès, Perrette Pradier, Sylvain Green, Guillaume Hanoteau. Jacques Olivo me répond que c'est un annuaire entier du théâtre et du spectacle que l'on pourrait établir en dressant la liste de tous ceux

---

[30] *Hyères les palmiers, plus de 2000 ans d'histoire*, pp 251-254.

qui sont venus dans la résidence, à Mauvanne ou qui ont joué au théâtre Antoine.

Il me redit la grande générosité de Simone qui était une femme qui ne calculait pas, qui avait table ouverte à Mauvanne tous les jours. C'est pour lui, cette générosité et sa constante prise de risques qui l'ont mise en difficulté. Il me cite alors la comédie musicale *Le Boy-Friend* coproduite avec l'éditeur Robert Laffont en 1965 qui l'a obligée à vendre son domaine.

Pour Jacques Olivo, Simone Berriau appartient à une époque qui n'existe plus et on a du mal aujourd'hui à se rendre compte de la place importante qu'elle y occupait. Il souhaite me raconter une anecdote qui me permettra d'en prendre la mesure.

Un jour de juillet alors qu'avec quelques amis, il déjeunait avec elle au restaurant *La Grand Voile*, des avions de la base aérienne voisine les incommodaient par le bruit incessant de leurs exercices. Excédée, Simone Berriau prit le téléphone et demanda à parler à son ami Pierre Messmer, alors Premier ministre, qui fit rentrer les avions à la base et interdit dorénavant toute manœuvre durant le mois d'août.

En regardant la plage que quelques baigneurs commencent à occuper en ce milieu de printemps, j'ai une dernière question à poser à Jacques Olivo. Elle concerne le terrain où a été construite la résidence. Il me confirme qu'il appartenait bien à Madame Salusse mais que l'accès à la mer relevait de la marine. Grâce à son carnet d'adresses, Simone avait pu le récupérer. La transaction avait été subtile. La marine avait donné une parcelle à la commune qui l'avait ensuite

81

rétrocédée à la directrice du théâtre Antoine en échange d'une surface équivalente à l'est de la propriété.

Notre conversation a duré assez longtemps pour que le rosé que Paul avait mis au réfrigérateur à mon arrivée soit servi frais. C'est autour d'un verre de ce bon vin de Mauvanne que nous terminons notre échange en buvant à la santé de tous les amis, passés, présents et futurs de Simone.

Sur le chemin du retour, quelque chose me fait soudain penser qu'une dimension personnelle m'a mystérieusement porté tout au long de cette enquête. Si ce rivage était autrefois propriété de la marine, c'est peut-être là qu'avait accosté mon grand-père lorsqu'il faisait ses débuts dans la Royale, là qu'il avait fait ses premiers pas en Provence, sur ce qui allait devenir... la plage des comédiens.

Du même auteur
(Parutions récentes)

La fille de la lune, préface de Sevgi Türker Terlemez, CIPP, 2014.

*

Les enfants sont des poètes, CIPP, 2015.

*

Robert Louis Stevenson à Hyères, CIPP, 2015 & *Robert Louis Stevenson at Hyères* (traduit en anglais par Brigitte Tilleray), CIPP, 2016.

*

Georges Pompidou : un Président passionné de poésie, préface du Professeur Alain Pompidou, L'Harmattan – collection *Questions contemporaines*, Paris, 2016.

*

Dali, son mécène et le Président, CIPP, 2016.

*

contact
jeanlucpouliquen@hotmail.com

TABLE